LE LAMENTO
DU COQUILLAGE

INSANITÉ RIMÉE

DU MÊME AUTEUR :

LADY VÉNUS, par A. Mélandri avec 120 dessins de
Somm, 3ᵉ édition, 1 vol. grand in-18 . . . . . .   3 50

LA HALLE AUX BAISERS, monologue en vers dit
par Mademoiselle Reichemberg de la Comédie-
Française, dessins de Willette, in-18   1   »

MÉLANDRI

LE LAMENTO

D U

COQUILLAGE

DIT PAR

COQUELIN CADET, *de la Comédie-Française.*

Illustrations de MOLOCH

PARIS

PAUL OLLENDORFF, ÉDITEUR

28 *bis*, RUE DE RICHELIEU, 28 *bis*

—

1884

LE LAMENTO
DU COQUILLAGE

Petit jouet des dieux moroses,
Humble entre les plus humbles choses,
J'ai vu le jour dans les flots roses.

Bercé par les remous, jeté
Sur les galets, en liberté
J'y roulais avec volupté !

Temps heureux ! J'ignorais la femme.
Le voile glauque de la lame
Avait protégé ma jeune âme...

Un jour, sous de longs varechs verts,
Écarquillant mes yeux pervers,
J'en vis passer une... à l'envers !

Petit vignot blotti dans l'onde,
Je vis bondir sa jambe ronde,
Flotter sa chevelure blonde !

Je fis le rêve ambitieux
De me mirer dans ses doux yeux,
Mais mon réveil fut soucieux :

Je me tordais dans ma coquille,
Car toujours, près de cette fille
Comme un triste oison qui sautille,

Je lorgnais, d'un œil courroucé.
Dandinant son pas cadencé
Un gommeux au nez retroussé.

Las de souffrir, d'humeur maussade,
Hanté comme un marquis de Sade
Par un grand besoin d'embrassade :

— « Je veux la revoir à tout prix,
Pensai-je, et visiter Paris!
Faisons en sorte d'être pris.

. . . .

Je glissais, fringant coquillage,
Dans le filet — près du sillage —
Qu'un vieux pêcheur mit au pillage.

Acheté par quelque souillon
Dont les mains fleuraient le graillon,
Je me vis cuire au court-bouillon.

Sur du persil, plante rustique,
Accommodé dans sa boutique,
Alors, j'attendis la pratique.

Pour dissiper mon noir ennui
Comme une étoile dans la nuit,
Tout à coup, l'espérance a lui !

Une robe en froufrous chuchotte
Avec une ombrelle mascotte :
C'est mon adorable cocotte!

Mais le bonheur de la revoir
Est panaché de désespoir,
Grâce au gommeux en habit noir.

— « Chéri, dit-ELLE d'un air tendre,
» Mangeons ces huîtres de Port-Vendre.
» Après, nous irons un bock prendre. »

Le monsieur, qui suivait les pas
De la dame aux gentils appas,
Projetait un joyeux repas.

— « Un joli bigorneau de grève ! .. » —
Il m'offrit — ô bonheur, ô rêve !
J'étais la pomme : elle était Ève !... »

— Être sucé comme un bonbon !
Mon cœur brûlant ne fit qu'un bond.
— « Fi, l'horreur ! C'est nauséabond ».

Dit-elle. — Alors cet être immonde,
Saisissant ma coquille ronde,
M'AVALE, en moins d'une seconde!!!

Est-il un destin plus fatal ?
Se voir, en un duel inégal,
Incorporé... dans son rival ?

. . . .

. . . .

Depuis, jouet des dieux moroses,
Humble entre les plus humbles choses,
Je pleure le parfum des roses.

Pour me consoler, je me dis,
Que mon sort est un paradis.
— « Zola m'estime, au moins ! —Tandis

Qu'il est des états bien plus tristes !
Y a des gens qui sont ébénistes,
Ou candidats opportunistes ! »

. . . .

Adieu, la rive au sable d'or,

Adieu, l'Amour ! — Mon cœur est mort,

Car, qui pourrait m'aimer encor ?

Librairie PAUL OLLNDORFF

28 *bis, rue de Richelieu, Paris.*

L'art de dire le Monologue, par Coquelin Ainé et Coquelin Cadet, de la Comédie-Française. 1 volume grand in-18, 2e édition. Prix...................... .... 3 50

Principes de diction, par H. Dupont-Vernon, de la Comédie-Française, 1 vol. in-18, prix.................. 2 »

L'art de bien dire, par H. Dupont-Vernon, de la Comédie-Française. 1 vol. in-18, 3e édition. Prix.......... 1 »

La Prononciation française et la diction, à l'usage des Ecoles, des gens du monde et des étrangers, par A. Cauvet, *Nouvelle Edition*. 1 vol. in-18............... 2 50

Les Bretelles, monologue en vers, par V. Revel, dit par Coquelin Cadet, de la Comédie-Française. In-18.. 1 »

Le Canard, monologue en prose (avec illustrations de Sapeck) par G. Moynet, dit par Coquelin Cadet, de la Comédie-Française, 4e édition. In-18............ 1 50

La Chasse, monologue comique par E. Grenet-Dancourt, dit par Coquelin Ainé, de la Comédie-Française. In-18. 1 »

Le Cheval, monologue de Pirouette, dit par Coquelin Cadet de la Comédie-Française (Illustrations par Sapeck.) 1 50

Le Chirurgien du roi s'amuse, monologue par Arnold Mortier, dit par Coquelin Cadet, de la Comédie-Française. (Illustrations de Sapeck.) In-18................ 1 »

Le député, monologue par E Morand, dit par Coquelin Cadet de la Comédie-Française. In-18........... 1 »

En famille, monologue en prose, par G. Moynet, dit par Coquelin Cadet de la Comédie-Française, avec illustrations In-18.................................... 1 50

Le Monologue moderne, par Coquelin Cadet de la Comédie-Française (avec illustrations de Loir Luigi).... 2 »

Le Monde, monologue en vers par Emile Guiard, dit par Coquelin Ainé de la Comédie-Française, 20e édition.   1   »

Paris, monologue comique, par E. Grenet-Dancourt, dit par Coquelin Cadet de la Comédie-Française. In-18.   1   »

Le Pianiste, monologue en prose, par E. Morand, dit par Coquelin Cadet de la Comédie-Française. In-18..   1   »

Un homme à la mer, monologue en prose par E. Morand, dit par Coquelin Cadet de la Comédie-Française. In-18.............................   1   »

Un Monsieur qui n'aime pas les monologues, monologue en prose, par Georges Feydeau, dit par Coquelin Cadet de la Comédie-Française. In-18................   1   »

Un Scenario, monologue par mademoiselle Thénard, de la Comédie-Française, dit par Coquelin Cadet de la Comédie-Française. In-18.............................   1   »

Imprimerie Générale de Châtillon-sur-Seine. — A. Pichat.